AU PAYS DES CULTES

PAR

BUI-THANH-VAN

NATURALISÉ FRANÇAIS

Fondateur de l'école de Musique Française à Hué
Fondateur de l'école de Musique Cantonnaise à Hué
Fondateur du théâtre d'amateurs Annamite à Hué

DÉCORÉ

de la Médaille d'Honneur de 2ᵉ classe en or
de la Médaille de la Mutualité en bronze
de la Médaille en argent de l'Alliance Française
du Kim-Khanh de 2ᵉ classe
du Kim-Tiên de 2ᵉ classe
du Grade de Chevalier du Dragon d'Annam
du Grade de Chevalier de l'ordre Royal du Cambodge
de la Médaille de Sisowath 1ᵉʳ
de la Médaille de Mouniséraphong
de la Médaille des Millions d'Éléphants

HUÉ
IMPRIMERIE DAC-LAP
BUI-HUY-TIN & Cⁱᵉ

1922

AU PAYS DES CULTES

PAR
BUI-THANH-VÂN
NATURALISÉ FRANÇAIS

Fondateur de l'école de Musique Française à Hué
Fondateur de l'école de Musique Cantonnaise à Hué
Fondateur du théâtre d'amateurs Annamite à Hué

DÉCORÉ

de la Médaille d'Honneur de 2e classe en or
de la Médaille de la Mutualité en bronze
de la Médaille en argent de l'Alliance Française
du Kim-Khanh de 2e classe
du Kim-Tiên de 2e classe
du Grade de Chevalier du Dragon d'Annam
du Grade de Chevalier de l'ordre Royal du Cambodge
de la Médaille de Sisowath 1er
de la Médaille de Mouniséraphong
de la Médaille des Millions d'Eléphants

HUÉ
IMPRIMERIE DAC-LAP
BUI-HUY-TIN & Cie
1922

AU PAYS DES CULTES

Qu'est ce qu'il y a ? Un point noir au milieu du fleuve, des embarcations légères montées par des gens avides de guérisons miraculeuses à l'entour, c'est « Monsieur le « Tronc d'Arbre » charié par le courant recouvert d'une nappe d'Andripople. Ong-Gôc, nom si respecté des Annamites, ruisselle d'uue sueur que ceux ci recueillent très pieusement dans des fioles d'une propreté à toute épreuve en vue de se garantir de tous maux devant l'insuccès de la science. S'il s'échoue, ou lui rend un culte en lui élevant un pagodon, comme vous allez le voir dans d'autres circonstances.

Le soir, des dévots se prosternent, des baguettes d'encens dans la main à la faible et vacillante lueur de lampions à l'huile fumante, devant un tas de briques cassées provenant de fourneaux de cuisine et déposées religieusement contre le pied d'un vieux flamboyant ou manguier. Ces Messieurs les Ong-Tao ont la puissance de récompenser et de punir.

Messieurs les Pots-à-Chaux-à-Bétel, hors d'usage, suspendus sur des branches d'un Banian centenaire, font l'office des meilleurs médecins pour les maladies d'entrailles. Ces Ong-Binh-Vôi reçoivent constamment la visite des pèlerins qui leur implorent pitié.

Sur le faîte d'une demeure, comme on en aperçoit un sur le toit des écuries de la Résidence Supérieure de France à Hué, Monsieur le Tout-Puissant-

Chien en granit, terre ou ciment, conjure les malheurs du local. Par profondes révérences, les Annamites, au lieu de réserver, en leur langue dont la banalité leur a déplu, à ce caniche l'appellation « Con-Cho-Linh », ont crû bien faire en s'arrêtant dans le choix à bonne sonnance de deux beaux caractères chinois « Linh Câu ».

Assez, n'est ce pas, avec ces quatre traits des croyances dont la liste dépasserait la longueur de la distance de la terre à la lune ?

Des fidèles favorisés par un concours de circonstances ont-ils obtenu fortune ou santé, ils construisent à titre de reconnaissance un minuscule pagodon lequel s'agrandit plus ou moins rapidement selon le nombre et les conditions de ses acolytes.

Un fonctionnaire en disgrâce ou en retraite, un domestique en rupture de maître, un repris de justice, une femme ou une vieille fille en désespoir, s'arroge le titre de bonze ou de bonzesse sous la robe cendre ou marron. Le nouvel incarné baragouine quelques prières tirées d'un recueil ad-hoc s'il possède une certaine instruction. Illettré, il tourne l'embarras en se disant Délégué d'un Puissant Génie sauvage (Moi). Alors il débite des phrases sur lesquelles ne roulent que des R et rien que des R à ne plus comprendre.

Un beau jour, muni de l'estampille Carmin de la commune, de la Sous Préfecture ou de la Préfecture, sur chaque feuillet et à cheval sur les points de jonction des feuilles, un registre de souscription publique se promène d'un bout à l'autre de l'Indochine entre les mains d'un habile religieux et fort de l'autorisation officielle. Chaque donateur inscrit et signe ce qu'il offre. Tout frais payé, le reliquat du montant général des oboles sert à donner de l'importance au bâtiment de culte.

On serait tenté de revenir à trente ans en arrière. Le curieux serait de savoir si les bonzes de nos jours ont la fermeté de leurs aïeux en se laissant, pour la gloire de la conquête du grade de Supérieur attribué par l'Empereur, enfoncer successivement dans le milieu de la tête rasée brillante comme un miroir, trois boules d'encens embrasées de la grosseur d'un grain de poivre. Le faste de ce concours de souffrance rivalisait de solennité avec celui des champs de la lutte littéraire en raison de la représentation de toutes les confreries de l'Empire entier, de l'assistance tant officielle que privée. Nous regretterions de ne pouvoir goûter aux spectacles de ces grandioses cérémonies tombées d'elles-mêmes en désuétude, sans aucune sanction gouvernementale. Les religieux se sont vu retirer de nombreux privilèges tels que solde, apanages terriens etc. . . . accordés par l'Etat.

L'évolution du progrès a pu cristalliser la prunelle de leurs yeux et ils se contentent de leur situation qui est une question de vie ou de mort dépendant de la génériosité de leurs fidèles. Les bonzeries ne se recrutent presque plus et le célibat s'y proscrit peu à peu ainsi que l'exigent les circonstances.

Une statistique établie par l'Association des Amis du Vieux Hué a rélevé l'existence de cent quarante (140) pagodes de toute grandeur dans la ville et ses banlieues. Qu'on en juge le nombre global de toute la province de Thừa-Thiên en prenant pour base ce chiffre éloquent : Mille au moins. A partir de la digue de Thọ-Lộc sur la route de Thuận-An, seules les deux rives de l'arroyo de Dương-Mong en fournissent déjà une centaine y compris celle affectée à la mémoire du Prince Caub, fils de Gia-Long. Elles ont trois caractères distincts : Officiel, communal et privé.

La Thiên-Thai située à sept kilomètres de Hué, derrière l'hippodrome de Ba-Đồn, passe pour la plus âgée. Sous la direction d'un bonze chinois, sa construction, sans art, bien entendue mais avec des dimensions gigantesques au moyen d'énormes colonnes en bois de Lim, date du dix huitième siècle ou dix neuvième siècle. Elle est en parfait état de conservation, bien que délaissée par les bouddhistes qui ont préféré fréquenter les récents monuments similaires plus rapprochés de la capitale.

Optant pour l'architecture, l'esthétique et l'hygiène on ne se ferait pas faute de désigner la Quốc-Ân à Phủ-Cam près de la voie ferrée,

la Tường-Vân, mi-route de Nam-Giao, à deux cents mètres vers la droite,

la Ba-Đồn de feue Mme Cô-Sở, derrière l'esplanade du Nam-Giao, la Từ-Hiếu des hermaprodites et eunuques, à mi-route de Nam-Giao à Tự-Đức à cent mètres vers la droite.

On doit s'arrêter là : car la citation pourrait se prolonger démesurément.

Cette dernière maison de culte, la Từ-Hiếu, représente une copie plus ou moins fidèle du Palais impérial.

Quand on se trouve dans ces bâtiments sacrés on se sent pris par l'admiration de leur état d'entretien et de leur situation pittoresque.

Au point de vue importance monumentale se placeraient au premier rang :

Le Diệu-Đế,   rive droite de Đông-Ba
Le Quang-Thánh,   d· —
La Thiên-Mụ à An-Ninh
Le Công-Thần à An-Ninh
Le Lịch-Đại à la gare centrale etc. . . etc. . . .

L'Annam revendique très facilement la renommée de l'architecture, de l'estétique, de la dimension qui ne s'économisent pas dans la construction des monuments cultuels dans le nombre desquels j'ai négligé exprès ceux appartenant aux Chinois. L'élimination intentionnée se justifie simplement par le but de l'étude qui ne s'exerce pas sur les variétés exotiques. Le Tonkin et la Cochinchine viennent en deuxième et troisième ligne.

Revenant aux cultes doat il s'agit, commettrait-on un sacrilège en se posant cette question :

Gloire ou honte ?

Les deux. Voilà une réponse à double sens qui ne saurait se dispenser de commentaires.

Gloire fut de l'âge de la pierre, époque de l'ignorance qui admettait toutes les adorations.

Honte provient de la conséquence de notre siècle couronné de magnifiques découvertes. L'élite de l'humanité a beaucoup travaillé pour prouver la réalité de toute chose conçue. La lutte contre l'absurdité, comme contre l'impossible, a triomphé dans d'innombrables cas. Un peuple civilisé ne tolère pas le doute sur un fait universellement reconnu existant ou inexistant. Il y procède sagement soit par l'abstention de prendre part comme partisan, soit par une propagande extrêmement prudente, comme on a l'habitude de dire : avant d'administrer la nation, administrez d'abord votre famille. Ce commandement asiatique a son pareil dans la langue française : avant de connaître les autres, connais-toi toi même. Les deux conseils ont une valeur de haute portée pour la morale. Les soixante années de tutelle prodiguées par la France bienfaitrice ont donné aux Annamites le temps de se pénétrer des idées nobles et loyales. De nombreuses associations ont été instituées par des hommes d'élite pour améliorer les conditions de leurs compatriotes. Mais aucune initiative n'a tenté de faire un pas dans la conciliation

des sujets faibles à ramener des erreurs archaïques
La tentative sera hissée d'épines, objecterait-on ? Oui,
la question est très délicate, mais impossible, non.
Il est navrant de constater que le plus grand des
fonctionnaires, le plus instruit en chinois ou en
français, le plus intelligent, le plus influent, le plus
riche des populations, la plus intelligente des
femmes annamites, épouses légitimes d'Européens
se laissent mener par le bout du nez par le plus
ignorant des ignorants, tels que sorciers, magiciens,
diseurs de bonne aventure, charlatans, géomanciens
aveugles ou non, médicastes etc. . . . . Par ordre de
ces trafiquants de la niaiserie, les personnes qui
s'intitulent la hautaine qualité de clairvoyant déplacent
leurs demeure, la porte d'entrée de leur maison la
tombe de leurs morts, diffèrent le jour de l'enterrement
d'un proche mort, coudent les yeux, lient les pouces
des mains et des pieds de leur mort, acceptent un
terrain autre que celui qu'ils désirent pour le sépulcre
de leur mort, dépècent leur nouveau-né mort ou
leur mort-né et en jettent les morceaux dans tous
les coins du village, font des fêtes très coûteuses
pour l'exorcisme, changent des bons médecins contre
des mauvais.

Comment veut-on que la classe ignare change de
chemin, quand la classe supérieure persiste à s'en-
gager dans le même chemin ?

Donc, pour ne froisser aucune susceptibilité en
posant en conseiller public, qu'on s'applique bien,
sans attendre le passage du crieur de son quartier,

à arracher silencieusement et soigneusement les mauvais herbages de son jardin. On aura sûrement des imitateurs et des admirateurs.

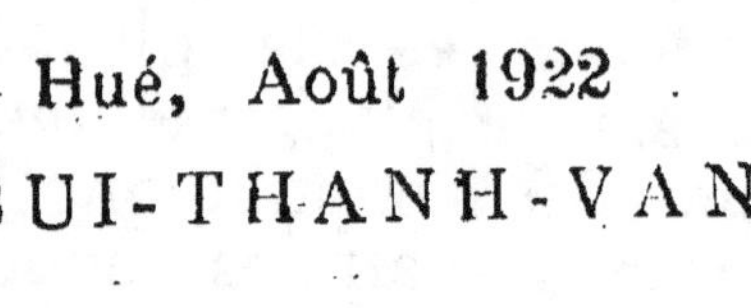

Hué, Août 1922

BUI-THANH-VAN